# Cómo Hablar con Cualquiera y Dejar de Pensar Demasiado:

Entrenamiento de Habilidades de Comunicación Poderosas en 9 Pasos, Deja de Complacer a la Gente, Sé Más Confidente. Domina la Autodisciplina y Desarrolla Buenos Hábitos.

# Table of Contents

Table of Contents ............................................................ 2
Introducción ................................................................... 6
Paso 1: Gestionar Expectativas ..................................... 8
Paso 2: Considera tu medio de expresión ................... 13
Paso 3: Utilizar técnicas de comunicación asertiva .... 17
Paso 4: Patrones Personales ........................................ 20
Paso 5: Autoconfianza ................................................. 26
Paso 6: Cambia tu mentalidad. .................................... 31
Paso 7: Mejora tu Inteligencia Emocional .................. 41
Paso 8: Lenguaje Corporal .......................................... 49
Paso 9: Practicar el lenguaje corporal asertivo. .......... 56
Paso 10: Fíngelo Hasta Que lo Logres ........................ 62
Conclusíon ................................................................... 66

**© Derechos de autor 2024 por Robert Clear - Todos los derechos reservados.**

El siguiente eBook se reproduce a continuación con el objetivo de proporcionar información lo más precisa y confiable posible. Sin embargo, la compra de este eBook puede considerarse como un consentimiento al hecho de que tanto el editor como el autor de este libro no son de ninguna manera expertos en los temas discutidos en él y que cualquier recomendación o sugerencia hecha aquí es solo para fines de entretenimiento. Se recomienda consultar a profesionales según sea necesario antes de realizar alguna de las acciones respaldadas aquí.

Esta declaración es considerada justa y válida tanto por la Asociación de Abogados de Estados Unidos como por el Comité de la Asociación de Editores, y es legalmente vinculante en todo Estados Unidos.

Además, la transmisión, duplicación o reproducción de cualquiera de los siguientes trabajos, incluida la información específica, se considerará un acto ilegal, independientemente de si se realiza de forma electrónica o impresa. Esto se extiende a la creación de una copia secundaria o terciaria del trabajo o una copia grabada, y solo está permitido con el consentimiento expreso por escrito del Editor. Todos los derechos adicionales reservados.

La información en las siguientes páginas se considera ampliamente como un relato veraz y preciso de los hechos y, como tal, cualquier falta de atención, uso o mal uso de la información en cuestión por parte del lector hará que todas las acciones resultantes queden únicamente bajo su responsabilidad. No hay escenarios en los que el editor o el autor original de esta obra puedan ser considerados de alguna manera responsables de cualquier dificultad o daño que pueda sobrevenirles después de emprender la información descrita aquí.

Además, la información en las páginas siguientes está destinada únicamente para fines informativos y por lo tanto debe considerarse como universal. De acuerdo con su naturaleza, se presenta sin garantía en cuanto a su validez prolongada o calidad temporal. Las marcas comerciales mencionadas se incluyen sin consentimiento por escrito y de ninguna manera se pueden considerar como un respaldo por parte del titular de la marca.

# Introducción

Felicidades por descargar el Entrenamiento de Asertividad: 10 Pasos Sencillos para Convertirte en la Persona que Deberías Ser, Expresión Personal, Hablar, Defenderse sin Ser Arrogante y Tomar el Control de tu Propia Vida, y gracias por hacerlo. Tomar la decisión de dejar de ser un observador pasivo en tu vida y tomar el control de la misma al afirmarte a ti mismo es una gran decisión y por la cual deberías ser aplaudido.

Desafortunadamente, también es el paso más fácil en el proceso, por eso los siguientes pasos discutirán todo lo que necesitas saber para mejorar tu habilidad para ser asertivo cuando sea necesario, sin cruzar la línea y imponer tu voluntad a los demás de manera agresiva. En primer lugar, aprenderás todo sobre qué es ser asertivo, así como lo que no es, para que puedas avanzar con una comprensión clara de lo que te espera. A continuación, aprenderás trucos para expresarte de manera asertiva a través de una variedad de técnicas de comunicación diferentes.

A continuación, aprenderás a identificar los patrones negativos que te impiden ser tan asertivo como podrías ser, cómo mejorar tu mentalidad y aumentar tu autoconfianza. A partir de ahí, aprenderás a leer las emociones de otras personas al mejorar tu inteligencia emocional y también aprenderás a leer su lenguaje corporal y controlar el tuyo propio. Finalmente, aprenderás a simular una actitud asertiva con éxito hasta que desarrolles la tuya propia.

¡Hay un montón de libros sobre este tema en el mercado, gracias nuevamente por elegir este! Se hizo todo el esfuerzo para asegurarse de que esté lleno de la mayor cantidad de información útil posible, ¡por favor disfrútelo!

SI TE GUSTA ESTE LIBRO, LA RESEÑA SIEMPRE ES MUY APRECIADA 😊

# Paso 1: Gestionar Expectativas

Cuando se trata de aprender a ser asertivo, todos van a abordar la tarea con una mentalidad y expectativas diferentes sobre cuál será el resultado final. Por lo tanto, el primer paso para convertirse en una persona más asertiva es entender qué es exactamente la asertividad y qué no lo es.

Desafortunadamente, lo que es y lo que no es un comportamiento asertivo a menudo se confunde por el hecho de que, si no tienes cuidado, fácilmente puedes cruzar la línea y terminar siendo percibido como agresivo en lugar de asertivo. Una persona que es asertiva cuando se trata de sus necesidades es admirada, una persona que es agresiva por estas mismas cosas es vista como una amenaza. A pesar de las diferencias serias entre ambos, todavía es fácil confundirlos, especialmente para aquellos que siguen aprendiendo sobre los matices de la asertividad. Por lo tanto, una definición de ambos es útil para distinguir uno del otro.

Asertividad: En su esencia, la asertividad se trata de equilibrio. Requiere que estés en sintonía contigo mismo para determinar con precisión tus deseos y necesidades de antemano, de modo que puedas compararlos con los deseos y necesidades de aquellos con quienes entras en contacto. Aquellos que son asertivos son seguros de sí mismos y confiados, y utilizan esa fuerza interna para expresar su punto de vista de una manera que puede ser vista como justa y empática con la perspectiva de la otra persona.

Agresividad: Por otro lado, el comportamiento agresivo está completamente basado en ganar. Aquellos que son agresivos en lugar de asertivos van a hacer lo que sea en su propio interés sin pensar en los deseos, sentimientos, necesidades y derechos de los demás. Los que son agresivos utilizan el poder personal que puedan tener para beneficios egoístas y a menudo son vistos como intimidantes o impositivos por los demás. Toman lo que quieren, cuando lo quieren y se olvidan de las consecuencias.

Ejemplo comparativo: Por ejemplo, es viernes por la tarde y su jefe de repente le deja una pila de trabajo nuevo en su escritorio y dice que debe hacerse lo antes posible. Están siendo agresivos al pedirlo y, independientemente de lo importante que sea el trabajo, es probable que los rechace por ello. Están ignorando sus necesidades y sentimientos a favor de los suyos.

Por el contrario, cuando le dices a tu jefe con un tono firme pero educado que estarías feliz de hacer el trabajo la primera cosa el lunes por la mañana, estás siendo asertivo. Al decirles que el trabajo se hará, estás pareciendo pasivo, aunque aún estableciendo límites de una manera asertiva que no deja espacio para argumentos. Estás afirmando tus propios derechos al mismo tiempo que reconoces que el trabajo debe ser hecho.

Dibujando la línea: Si bien no hay duda de que ser asertivo va a ayudar a mejorar tu vida de innumerables maneras a lo largo de los años, es importante tener en cuenta que no siempre será apropiado. Esto es especialmente cierto en el lugar de trabajo, cuando algunas culturas esperarán que los trabajadores sean pasivos y hasta el más mínimo indicio de asertividad se percibe como grosero o incluso totalmente ofensivo. Ante este tipo de situación, tendrás que sopesar tus opciones y decidir si el trabajo vale la pena considerando la forma en que estás siendo tratado.

También debes tener en cuenta que el género puede desempeñar un papel importante en cómo se percibe tu comportamiento asertivo. Es una verdad lamentable que a menudo se recompensa a los hombres por su asertividad mientras que a las mujeres se les castiga por ello. Aunque esto no sea cierto en todas las situaciones, puede valer la pena tenerlo en cuenta antes de cambiar tu comportamiento de forma demasiado drástica.

Independientemente de tu sexo, trazar la línea entre el comportamiento asertivo y el comportamiento agresivo es una propuesta difícil. Al principio, al prepararte para afirmarte a ti mismo, es perfectamente natural que te cuestiones a ti mismo y te preguntes si harás más daño que bien. Sin embargo, esto cambiará con el tiempo, a medida que aprendas los momentos adecuados para defenderte y los momentos adecuados para callarte. También puedes descubrir que este equilibrio es más fácil de lograr si mejoras tu capacidad para leer el lenguaje corporal de los demás, así como percibir su intención emocional a través de un aumento de la inteligencia emocional, ambos temas que se discuten en detalle en los siguientes pasos.

En el lugar de trabajo: En el lugar de trabajo, todos admiran a aquellos que son asertivos y pueden poner fácilmente sus opiniones y necesidades de manera segura y directa que obtiene resultados. Se les conoce por defenderse a sí mismos y ser respetados por siempre tener en cuenta los sentimientos de los demás. Por otro lado, aquellos que expresan un comportamiento agresivo en el lugar de trabajo a menudo parecen neandertales, con los que tienen los mayores garrotes caminando y tomando lo que quieren, golpeándose el pecho unos a otros en un esfuerzo por ver quién es el más fuerte.

Ahora hay excepciones a la regla, por supuesto, y las personalidades agresivas del tipo A ciertamente pueden prosperar en ciertas posiciones, especialmente en ventas. Hay un límite aquí también, por supuesto, pero pueden llegar mucho más lejos antes de que se note. Estos individuos enérgicos y agresivos a menudo dominan el lugar de trabajo y minan la moral de todos con solo unas pocas palabras. Este enfoque siempre terminará por salir mal al final, ya que nadie realmente puede confiar en la persona que es agresiva.

Distinciones adicionales: Si constantemente sientes la necesidad de combatir el fuego con fuego, es probable que seas una persona agresiva y te resulte difícil tomar un camino más medido y asertivo. Del mismo modo, si te encuentras constantemente haciendo demandas o teniendo expectativas que nunca parecen poder ser alcanzadas, es posible que también seas agresivo en lugar de asertivo.

Por otro lado, si haces afirmaciones en lugar de exigencias de manera serena y razonable, es probable que ya estés en el camino correcto. Recuerda, un empujón diplomático y suave permitirá que la otra parte dé el primer paso y es probable que también les cause más respeto hacia ti. Esto es una señal de un verdadero líder, alguien que es asertivo pero no agresivo.

Observa a los que te rodean: Una de las mayores diferencias entre la agresividad y la asertividad es el enfoque que tomas, por eso la inteligencia emocional es una parte clave para maximizar tu asertividad y por qué tiene su propio paso más adelante en este libro. Es importante siempre vigilar tu tiempo cuando estás planeando ser asertivo, y también observar las reacciones de los que te rodean mientras lo haces. También necesitarás ser consciente de tus patrones personales y de cualquier patrón más amplio también, de lo cual aprenderás más en el Paso 4.

Si estás haciendo algo que previamente no ha dado resultado, en lugar de enojarte por este hecho y tomar una postura agresiva, a menudo es mejor reevaluar la situación y avanzar de una manera más apropiada. En general, será mejor repartir lentamente lo que estás planeando para poder evaluar las reacciones de quienes escuchan en vez de arriesgarte a una situación donde todo se vaya al traste. Como sucede con muchas cosas en la vida, la forma en que presentas tu información a menudo será más importante que el contenido en cuestión.

Considera la cuestión de la confianza: Si bien ser seguro de uno mismo es un requisito previo para ser asertivo, también es importante considerar cómo pareces a los demás si optas por no ser asertivo. Aunque no siempre es el caso, después de cierto punto comenzarás a parecer tímido por no replicar. Cuando te encuentres en este tipo de posición, una buena regla general suele ser esperar tu turno para hablar, reconocer lo que la otra persona está diciendo y luego mantener tu postura. Independientemente del entorno en el que te encuentres, la otra persona siempre estará más receptiva a lo que tengas que decir si primero reconoces sus pensamientos y opiniones.

Si bien ser defensivo es una reacción perfectamente natural cuando una idea en la que crees que es válida es rechazada, la realidad es que este tipo de mentalidad rara vez te llevará a algún lugar. Es por eso que reconocer la respuesta de la otra parte es tan importante, ya que ayuda a construir un consenso y, por lo tanto, a construir también la confianza. La única manera en que la otra persona se vaya sintiendo como si hubiera obtenido un escenario de ganar-ganar es si puedes aprender a comprometer mientras logras lo que querías. Hacerlo es la cima de ser asertivo en lugar de agresivo.

## Paso 2: Considera tu medio de expresión

Comprende que no puedes controlar el comportamiento de los demás: Cuando se trata de desarrollar el hábito de ser asertivo en momentos apropiados, una de las primeras cosas con las que tendrás que aceptar es que realmente no puedes controlar el comportamiento de otras personas. Por más que desees que esto no sea así, no puedes simplemente agitar una varita mágica y hacer que la otra persona esté de acuerdo contigo mágicamente, independientemente de lo persuasivo que puedas ser. Una vez que comprendas que ser asertivo va más allá de doblegar a las personas a tu voluntad, entonces puedes empezar realmente a trabajar en mejorar por fin.

Si bien puede ser desafortunado que no puedas controlar los comportamientos de otras personas en algunas situaciones, también es liberador en cierto modo ya que significa que no tienes que cargar con la responsabilidad de aceptar la forma en que otras personas responden a tu asertividad. Suponiendo que te acercas a ellos de manera respetuosa y tranquila, entonces no es tu culpa si responden de manera resentida o enojada, sin importar lo que puedan decir en ese momento.

La verdad es que probablemente estén lidiando con problemas personales o profesionales que están fuera de tu alcance y que no tienen ninguna relevancia en si tu forma de actuar con firmeza fue la elección correcta en la situación. Siempre y cuando controles tu respuesta a su reacción y no violes activamente las necesidades de la otra parte con tu petición, entonces tienes el derecho de decir y hacer lo que desees.

Coloca conscientemente más valor en ti misma: Para asegurarte de que la asertividad termine siendo finalmente tu respuesta natural en situaciones apropiadas, es vital que no solo tengas lo que considerarías una buena comprensión de ti misma, sino también un sólido entendimiento de tu valor personal como ser humano, y también hacia quien estás tratando de ser asertiva. Es esta autoconfianza la que finalmente se convertirá en confianza en ti misma, y en última instancia llevará a un comportamiento asertivo. También hará que sea más fácil para ti reconocer cuándo alguien no te está tratando con la dignidad y el respeto que mereces y tomar una posición y hacer lo que sea necesario cuando veas que esto ocurre. En última instancia, esto hará que sea mucho más fácil para ti mantenerte fiel a ti misma y a tus necesidades y deseos.

Sin embargo, también es extremadamente importante que no lleves esta nueva confianza en ti mismo a los extremos, ya que, de ser así, puedes terminar poniendo tus necesidades menos importantes por encima de las necesidades más importantes de los demás. Si bien es cierto que tus deseos, necesidades, sentimientos y pensamientos son tan importantes como los de cualquier otra persona, ciertamente no son más importantes, y si los tratas como tal, entonces ya no estás siendo simplemente asertivo, has caído en la agresión total.

Expresa tus deseos y necesidades de la manera correcta: Si quieres ser la mejor versión de ti mismo que puedas ser, entonces necesitas asegurarte de que tus deseos y necesidades vitales sean satisfechos. El primer paso para lograrlo con éxito es entender que nadie más lo hará por ti. No tienes garantías de que siquiera reconozcan tus necesidades, y mucho menos las satisfagan por su propia cuenta. Es vital que tomes la iniciativa en estas situaciones e identifiques lo que quieres y lo que necesitas para lograrlo, y luego hagas saber tus planes.

Después de haber completado este proceso, puedes decirles a aquellos que estén en posición de ayudarte o de obstaculizarte lo que finalmente necesitarás de ellos para alcanzar tus metas. Dado que estarás extremadamente seguro acerca de los detalles, podrás expresarlos de manera clara y segura, lo cual será más probable que vea resultados en lugar de lo que podría ser de otra manera. Incluso si lo que necesitas no es posible actualmente, pedirlo ahora de manera asertiva hará que sea más fácil mencionarlo de nuevo cuando llegue el momento adecuado.

Como sabrás los pormenores de la situación en cuestión en este momento, también descubrirás que es más fácil para ti obtener lo que deseas sin sacrificar las necesidades de otros para conseguirlas. Recuerda, tu asertividad será recompensada con éxito mucho más frecuentemente si la enmarcas de tal manera que la otra parte pueda salirse con la suya haciendo lo menos posible.

Sé positivo: Aunque parezca una cosa pequeña, si te afirmas con un enfoque positivo, es mucho más probable que veas el éxito que si dejas las cosas neutrales. Lo que es peor, si te afirmas con un tono deprimido o enojado, es probable que parezcas agresivo incluso si dijiste exactamente lo mismo. En su lugar, siempre es mejor abordar la situación de manera sensible y constructiva para ver los mejores resultados. No tengas miedo de defenderte cuando sientas que tus derechos están siendo violados, pero ten cuidado de mantenerte respetuoso y controlar tus emociones en todo momento.

No rechaces la crítica de inmediato: Muchas personas cometen el error de asumir que la asertividad significa nunca escuchar la crítica, pero en realidad, esta es una mentalidad agresiva que no es sostenible a largo plazo. En cambio, sigue siendo importante aceptar las críticas negativas, así como las positivas, de la manera más positiva, humilde y gentil posible. Incluso si no estás de acuerdo con la crítica, escucharla te dará una mejor idea de cuáles son las quejas de la otra parte, lo que luego te facilitará decidir cómo vas a llegar a un compromiso que funcione para todos.

Practica diciendo que no: Si estás trabajando duro para mejorar tu asertividad, entonces es probable que también tengas dificultades para decir que no. Este es uno de los pasos básicos requeridos para llegar a ser verdaderamente asertivo, ya que sin esta habilidad nunca podrás evitar que las personas agresivas te pasen por encima. Una de las mejores maneras de empezar a romper este hábito es entender que no hay forma de complacer a todos o de hacer todo lo que te gustaría hacer. Como tal, decir que no es inevitable y es mucho mejor determinar cuándo lo vas a hacer en lugar de dejar que suceda al azar cuando finalmente termines tomando más de lo que puedes manejar.

# Paso 3: Utilizar técnicas de comunicación asertiva

Usa más declaraciones con "yo": Declaraciones como "yo siento," o "yo quiero" te permiten expresar tu punto de vista de manera clara y efectiva. Además, al asegurarte de incluir la palabra "yo", le dejas saber a la otra persona que entiendes que la percepción es relativa y que su punto de vista es tan válido como el tuyo. Además, te ayudará a separar los hechos de lo que deseas en una situación dada, lo cual garantizará que llegues al mejor resultado posible también.

Escalá de la manera correcta: Si descubres que tu intento inicial de ser asertivo falla, entonces quizás necesites intensificar las cosas aún más para lograr que tu punto se entienda. Esto puede incluir adoptar un tono lo más firme posible mientras sigues siendo respetuoso y educado al mismo tiempo. Esto no significa que vayas a aumentar la intensidad emocional de la situación, ya que terminarías pareciendo agresivo si fuera el caso. Aprender a caminar esta línea tal vez solo ocurra con la práctica, por eso es importante salir y practicar tanto como sea posible hasta que aprendas a caminar exitosamente sobre esa cuerda floja.

Intenta hacer un guion: Esta técnica es útil para aquellos que recién comienzan cuando se trata de ser asertivos, ya que te permite planificar previamente lo que vas a decir para que no haya ninguna duda sobre qué hacer a continuación en ese momento. Para construir lo correcto que decir, lo primero en lo que debes concentrarte es en el evento. Esto incluye un desglose de cómo percibes exactamente el problema o situación actual y garantiza que ambos puedan trabajar desde la misma base.

A continuación, deberás considerar cómo te hace sentir la situación y también cómo puedes expresar este hecho al mismo tiempo que suena como si estuvieras culpando a la otra parte de algo. Hacer claros tus sentimientos es la única forma en que puedes expresar a la otra parte lo importante que es hacer un cambio, lo cual expresarás hablando de tus necesidades. Esto asegurará que la otra parte sepa exactamente lo que necesitas de ellos para que no haya malentendidos y puedan elegir una respuesta sin tener que adivinar tu significado. Finalmente, querrás indicar cuáles serán los resultados de tu solicitud, ya sea los beneficios de seguir tu plan o las consecuencias de no seguir adelante con tu plan, lo que sea más persuasivo.

No tengas miedo de sentir enojo: Uno de los mayores obstáculos que muchas personas enfrentan al aprender a comunicarse de manera asertiva es la idea de que expresar enojo mientras se es asertivo es similar a ser agresivo. Esto no tiene por qué ser así, siempre y cuando expreses tu enojo de una manera libre de los aspectos negativos que a menudo se le asocian. Sin embargo, lo que a menudo está mal con el enojo es la forma en que la gente lo expresa, no el hecho de sentirlo en primer lugar. Entender que mereces tener tus sentimientos, sean cuales sean, es una parte importante de realmente llegar a ser asertivo.

Haz tus peticiones lo más claras posible: Para asegurar que expresar tu asertividad sea recibido con el mayor éxito posible, es importante tomarte el tiempo para crear peticiones que sean lo más claras y racionales posible. Una petición verdaderamente asertiva será directa pero también cuidadosa de no menospreciar a la otra persona en el proceso. Esto contrasta directamente con las peticiones pasivo-agresivas que muchas personas hacen regularmente, las cuales están diseñadas para lastimar a la otra parte de alguna manera, al mismo tiempo que son fácilmente negables.

Proporcionar validación: Otra parte de poder hacer una solicitud asertiva sin parecer agresivo es tomarse el tiempo para entender qué sentimientos la otra persona está tratando de expresar, para que puedas dejar claro que entiendes de dónde vienen. Esto es diferente a estar de acuerdo con ellos, sin embargo, y simplemente les hará sentir que sus preocupaciones están siendo escuchadas, al mismo tiempo que te permitirá seguir avanzando de manera más productiva.

Mientras escuchas lo que tienen que decir, es importante asegurarte de mantener una actitud verbal y no verbal de respeto y apertura para ayudar a la otra persona a sentirse lo más abierta posible contigo. Para ayudar a avanzar en la causa, también querrás mantener siempre contacto visual. Mientras escuchas, deberás dejar de lado cualquier prejuicio personal que puedas tener en un intento por encontrar la solución que sea verdaderamente la mejor para la tarea en cuestión.

## Paso 4: Patrones Personales

Cuando se trata de comenzar con éxito por el camino hacia el tipo de cambio que estás tratando de cultivar a largo plazo, es importante considerar los diversos patrones no productivos a los que te encuentras volviendo una y otra vez. Estos patrones probablemente estén por todas partes, tanto en tu comportamiento personal como en el comportamiento de quienes te rodean y si realmente quieres ver un cambio en tu nivel general de asertividad, entonces reconocerlos antes de interactuar con ellos es crucial para avanzar de una vez por todas.

Estás de suerte, sin embargo, ya que al igual que ser asertivo, el reconocimiento de patrones es una habilidad que significa que eventualmente puedes dominarlo si pones el trabajo necesario para hacerlo. Esto no necesariamente significa que será un proceso rápido, sin embargo, por lo que es mejor comenzar lo antes posible. Los siguientes consejos te ayudarán a comenzar con el pie derecho.

Date cuenta de los patrones que te rodean: Antes de que puedas comenzar a identificar tus patrones personales negativos, es probable que descubras que al observar los patrones del mundo que te rodea te ayudará a establecer la mentalidad que estás tratando de cultivar. Después de saber qué buscar, entonces encontrarás patrones naturales y artificiales prácticamente en todas partes y en todo momento. Puedes encontrar patrones en todo, desde la forma en que las hojas proyectan sombras en un árbol, hasta las grietas en la acera y la forma en que las personas interactúan entre sí cuando se enfrentan al mismo conjunto de estímulos.

Solo una vez que comiences a ver estos patrones básicos con más regularidad, entonces descubrirás que las variaciones más abstractas y complejas comienzan a hacerse evidentes para ti también. Esto significa que querrás intentar ver los patrones en el comportamiento de las personas con las que interactúas con más frecuencia. Solo al poder determinar con precisión los tipos de patrones que están ocurriendo a tu alrededor en todo momento, podrás entender cómo estos patrones se intersectan y podrás convertir este conocimiento hacia adentro y ver los patrones personales que te impiden alcanzar el nivel de éxito que estás esperando.

Si encuentras que tienes relativamente facilidad para ver los patrones de los demás sin encontrar claramente los tuyos, el mejor lugar para comenzar es con aquellas cosas en las que claramente puedes confiar que suceden cada día. Una vez que comiences a ver las pequeñas cosas que suceden como un reloj, puedes pasar a series más grandes de causa y efecto hasta que eventualmente puedas determinar la causa y efecto de todo lo que te rodea. No te preocupes si no puedes encontrar toda la información que necesitas para hacer todas las conexiones lógicas requeridas, dar sentido a todo en este punto no es tan importante como notar las inconsistencias que encuentres para un estudio posterior. Notar todos estos diferentes tipos de patrones es en última instancia el primer paso cuando se trata de romper patrones negativos de una vez por todas.

Agrupa los patrones juntos: Tomar nota de tantos patrones diferentes como sea posible es crucial como primer paso, ya que el siguiente paso va a ser agrupar los patrones juntos basándose en cómo encajan entre sí y cómo afectan unos a otros. Esto debería permitirte determinar más fácilmente cómo tus patrones personales se relacionan con patrones más grandes en general y también las similitudes entre tus patrones personales y aquellos que ves a tu alrededor. Ten cuidado de no agrupar cosas que solo están tangencialmente asociadas entre sí solo va a sesgar los datos, incluso si hace que sea más fácil realizar un seguimiento de cualquier cosa. No tengas miedo de escribir las cosas y tomarte tu tiempo.

También deberás estar dispuesto a aceptar la posibilidad de que te hayas equivocado en algunas de tus suposiciones iniciales sobre los patrones, lo que significa que debes estar dispuesto a hacer cambios en tus conclusiones a medida que avanzas. También puede que te encuentres con nuevos patrones de los que antes eras consciente y que también necesites incluir en el marco de trabajo. Antes de pasar a la siguiente fase, es importante que tengas una comprensión clara del panorama general que funcione para ti. Solo cuando llegues a este punto podrás tomar decisiones informadas sobre cómo avanzar de la manera más rápida posible.

Busca otros patrones para cambiar: Después de tener una mejor comprensión de los patrones que estás observando, y que te están afectando negativamente, entonces puedes empezar a decidir qué necesita ser cambiado para obtener el mejor resultado general junto con aquellos que decidas necesitas mantener sin importar qué. Por supuesto, cambiar patrones personales es más fácil decirlo que hacerlo, especialmente con aquellos que han estado presentes durante décadas. La planificación es clave en este momento, ya que será extremadamente fácil cometer errores y caer de nuevo en tus viejos hábitos sin siquiera pensar en ello.

Por ejemplo, imagina un escenario donde constantemente asumas más trabajo del que deberías como una forma de evitar la necesidad de ser asertivo. Una vez que te des cuenta de este patrón, podrías entonces hacer un esfuerzo concentrado para enfocar tus esfuerzos de asertividad hacia cosas que te harán asumir más de tu parte justa del trabajo, pero también trabajando más estrechamente con tus compañeros para idear un medio más efectivo de asignar tareas para que no recaiga en una sola persona recoger la holgura en primer lugar.

Una vez que hayas decidido sobre los patrones en los que deseas enfocarte en cambiar, es extremadamente importante que sigas adelante con ellos o corras el riesgo de descarrilar la efectividad de todo este proceso. Si intentas cambiar un patrón problemático, fallas y luego te rindes, solo estás creando un nuevo patrón, aún peor, donde te retiras de los patrones que sabes que son dañinos. Por lo tanto, es importante comenzar con un patrón fácil de cambiar para asegurarte de que puedas entrar en el ritmo adecuado de las cosas. Además, es importante ser consciente de que se requerirá más que hacer un nuevo plan para cambiar cualquier patrón que esté profundamente arraigado, sino que también requerirá compromiso, dedicación y un estado de extrema vigilancia para asegurarte de que una vez que lo hayas dominado, el patrón se vaya para siempre.

En general, si esperas cambiar un patrón negativo, la mejor opción es reemplazarlo completamente con uno más productivo. El nuevo patrón deberá evitar cualquier desencadenante que lleve al patrón original, por lo tanto, es importante planificar nuevos hábitos y no simplemente aferrarse a lo primero que aparezca y te ayude a evitar el patrón negativo.

Normalmente tomará alrededor de un mes para que un nuevo patrón suplante completamente al antiguo, lo que significa que se esperan pequeñas instancias de fracaso al adentrarse en el nuevo ritmo de las cosas. Sin embargo, es vital que no uses pequeñas instancias de fracaso como excusa para regresar aún más completamente a tus viejos hábitos negativos. Mantenerse fiel al nuevo patrón de inmediato no es el objetivo, eso vendrá con el tiempo, cuando comiences cualquier desviación del antiguo patrón, se debe ver como una victoria.

Patrones negativos: Mientras estás evaluando tus patrones comunes, naturalmente querrás señalar aquellos que harán más difícil para ti seguir realizando cambios positivos en el futuro. Además, querrás estar atento a los patrones que tienden a exigir gratificación instantánea, ya que también harán más difícil para ti realizar todos los cambios que necesitas hacer para ser el maestro de la asertividad que eventualmente puedes ser. Además, mientras el dicho la ignorancia es felicidad es cierto en algunas situaciones, esta no es una de ellas, haz un hábito de eliminar cualquier patrón que promueva la ignorancia lo antes posible.

Otro patrón muy importante a evitar si alguna vez esperas ser asertivo en el momento es el deseo de un fuerte nivel de control sobre todo lo que te rodea, sin importar qué. Si bien tomar el control de tu vida es obviamente una parte importante para hacer los tipos de cambios a largo plazo que estás buscando, si necesitas controlar cada aspecto de una situación entonces nunca realmente llegarás a ninguna parte.

Esto a menudo puede relacionarse con patrones relacionados con el instinto de pelea o huida, especialmente si encuentras que el tuyo está inclinado demasiado hacia la dirección de huída. No te olvides, el equilibrio es crucial para asegurar que esta respuesta no perjudique tu habilidad para garantizar un cambio positivo, lo que significa que puede que necesites observar tu reacción instintiva al conflicto y luego trabajar para equilibrarla según sea necesario.

Patrones positivos: Mientras descartas tus patrones

negativos, es importante detenerte y tomarte el tiempo para ser consciente de los patrones positivos que has desarrollado con el tiempo también. Con todas las inmersiones profundas en tus patrones negativos, puede ser fácil desanimarte y sentir como si nunca llegarás a donde necesitas estar. En este momento, una lista de tus patrones positivos te será útil ya que te recordará lo que has hecho bien hasta ahora también. No solo eso, sino que volverse más consciente de los patrones positivos de los que formas parte también hará más fácil para ti tomar medidas activas para mejorar y expandirlos también.

Haciéndolo, en última instancia, te resultará más fácil cambiar ciertos patrones negativos y desarrollar otros completamente nuevos, ya que también aprenderás qué tipo de desafíos puedes superar fácilmente y aquellos en los que necesitarás enfocarte más directamente si alguna vez esperas hacer algún progreso real. En general, los tipos de hábitos más importantes que puedes cultivar para mejorar tu asertividad van a ser amarte a ti mismo y sentir como si merecieras este tipo de cambio positivo.

Además, vas a querer mantener un ojo agudo en busca de patrones que promuevan una mentalidad de crecimiento basada en esperar que los resultados positivos provengan de acciones positivas. Finalmente, otras acciones positivas que valen la pena incluyen ser consciente de los límites personales, aquellos que no necesitan cambiar así como los que sí, y también patrones que promuevan estar más en sintonía con tu intuición personal en general.

## Paso 5: Autoconfianza

El simple hecho es que nunca podrás esperar ser verdaderamente asertivo cuando la necesidad surge, hasta que tengas la confianza para creer en ti mismo pase lo que pase. Para ayudarte a llegar a donde necesitas estar, considera los siguientes consejos.

**Considera la verdadera fuente de tus miedos.**

Cuando llegue el momento de ser asertivo, si te encuentras volviéndote irracionalmente temeroso en su lugar, lo primero que tendrás que hacer es entender que la única forma de superar tu miedo a ser asertivo es si lo dominas por completo. Para ayudarte a avanzar en esa dirección, considera los siguientes consejos que han funcionado para incontables personas antes que tú.

Reenfoca la ansiedad: Si no estás seguro de cómo alguien va a responder a tu asertividad, entonces es posible que esa incertidumbre se manifieste como anticipación. A partir de ahí, no se necesita mucho para que la anticipación se convierta en miedo y de repente la idea de ser asertivo se vuelve mucho menos manejable. Reaccionar con miedo en un escenario que requiere autoconfianza solo terminará destruyendo el impulso que hayas podido desarrollar en la conversación hasta ese momento y mentalmente te devolverá al punto de partida.

Para cortar de raíz tu miedo, puedes utilizar lo que se conoce como reestructuración cognitiva. Para usarlo en este escenario esencialmente engañarías a tu mente para que vea el miedo de avanzar con curiosidad sobre los resultados. La curiosidad y la autoconfianza encajan mucho mejor que el miedo y la autoconfianza y te pueden ayudar a mantener tu impulso hasta que la tarea esté completa.

Considera de qué es exactamente lo que tienes miedo: Si te encuentras siempre reaccionando a escenarios en los que puedes ser asertivo con la misma respuesta de miedo, entonces quizás quieras profundizar un poco más y considerar por qué te has encontrado en este bucle improductivo. Para liberarte de este patrón, la próxima vez que te encuentres con un escenario en el que empieces a asustarte ante la idea de ser asertivo, en lugar de huir del miedo deberías intentar enfrentarlo y determinar de qué es realmente lo que tienes miedo. Si no puedes encontrar una razón concreta por la que deberías tener miedo, entonces puedes seguir adelante con confianza nacida del hecho de que probablemente no existe.

**Considera lo peor que podría pasar.**

Hasta que hayas demostrado a tu mente que no va a pasar nada malo cuando expreses tu asertividad, seguirá poniendo obstáculos en tu camino hacia el éxito bajo la apariencia de prevenirte de hacer algo peligroso. Estos obstáculos a menudo se manifiestan en una amplia variedad de escenarios cada vez más extravagantes que podrían ocurrir potencialmente si tomas la acción más asertiva posible. Aunque puedan ser convincentes en el momento, rara vez están basados en la realidad y es así como puedes aprender a evitarlos.

En lugar de dejar que tu mente genere posibles escenarios

que podrían ocurrir si fueras asertivo, deberías detenerte por un momento y pensar críticamente sobre cuál es el resultado probable. No olvides, la mayoría de las personas están en el centro de su propio universo, lo que significa que algo que te parece extremadamente importante probablemente apenas se registrará si tienes suerte. Con eso en mente, las probabilidades son que el peor de los casos que puedas imaginar no será tan malo. Si eso aún no parece ser suficiente para animarte a salir y actuar de manera asertiva, entonces también puedes probar los siguientes trucos.

Piénsalo como un experimento: Si aún no puedes superar tu miedo a ser asertivo, entonces podrías encontrar éxito avanzando si ves cada oportunidad para ser asertivo como un tipo de experimento científico. Si estás tan seguro de entender cuál será el resultado negativo, entonces la única opción que tienes es ponerlo a prueba y ver si tu mente y todas sus consecuencias adicionales estaban correctas. Esto también ayudará a cambiar tu mentalidad hacia una de curiosidad y luego, cuando las cosas salgan a tu favor, proporcionará evidencia concreta de que ser asertivo no es tan aterrador como pensabas anteriormente.

Juega con las probabilidades: Si nunca intentas ser tan asertivo como quieres ser, entonces nunca tendrás éxito haciendo las cosas que asocias con los que son asertivos. Del mismo modo, si nunca pones en práctica todo tu entrenamiento en asertividad, nunca tendrás ni siquiera el potencial para salir adelante. Como tal, al menos te debes a ti mismo intentar ser asertivo unas cuantas veces, solo para ver qué sucederá. Después de todo, como dicen en Las Vegas, no puedes ganar si nunca juegas.

Deja de pensar en ello: Pensar en todas las formas en que ser más seguro de ti mismo te ayudará en el futuro puede distraerte del presente, pero no te ayudará mucho a empezar cuando se trata de mejorar tus interacciones diarias con los demás. En algún momento, necesitas poner en acción tus pensamientos nuevos y mejorados.

Cuando se trata de estirarse más allá de tu zona de confort, sin duda va a ser difícil al principio, pero eso va a ser cierto para cualquier cosa. Además, deberías encontrar algo de consuelo en el hecho de que mientras sea difícil para ti, también fue igualmente difícil para todos los demás que ahora son asertivos con facilidad, ya que la asertividad es una habilidad que significa que la única forma en que puedes mejorar es practicando.

**Defiéndete**

Cuando se trata de aprender a expresar tu autoconfianza de manera apropiada y efectiva, defenderte a ti mismo en situaciones verbales y físicas te facilitará aprender a proyectar tu nueva confianza de manera efectiva, al mismo tiempo que te permitirá repetir la hazaña una y otra vez en el futuro. Aprovechar cada oportunidad posible para practicar tus nuevas habilidades siempre es recomendado, ya que esta es la única forma garantizada de mejorar tanto como sea posible.

La forma en que interactúas de manera natural con quienes te rodean va a ser claramente un reflejo directo de la cantidad de autoconfianza que sientes de manera regular. Después de estar listo para comenzar a proyectar tu nueva mentalidad, es importante ser asertivo al mismo tiempo que no llevar las cosas tan lejos al punto de volverse excesivamente agresivo y convertirte en parte del problema en lugar de la solución. Ser asertivo significa expresar tus propias necesidades y deseos y hacer lo que sea necesario para lograrlos sin obligar directamente a los demás a ceder a tus caprichos a expensas de sus propias metas personales. Si evitas expresarte cuando otros están reprimiendo tu felicidad, entonces estás saboteando cualquier otro intento que estés haciendo para mejorar tu habilidad de creer en ti mismo.

# Paso 6: Cambia tu mentalidad.

En este punto del proceso, deberías estar bien encaminado/a para lograr un cambio en tu nivel general de asertividad que te permita obtener lo que deseas de una situación sin que la otra persona se sienta intimidada como resultado. Sin embargo, si aún tienes dificultades para romper tus patrones antiguos, quizás tu capacidad para ser asertivo/a no sea el problema. De hecho, podrías estar lidiando con una mentalidad limitante que continuará dificultando tu avance de manera productiva hasta que se aborde de una vez por todas.

**Dos mentalidades distintas**

De hecho, hay dos maneras distintas de ver la idea de inteligencia o habilidad, pueden ser vistas como cosas que son innatas, lo que significa que lo que nacemos es todo lo que obtenemos, o pueden ser vistas como habilidades que se pueden adquirir a través del esfuerzo y mucho trabajo duro. Estos dos puntos de vista diferentes, a su vez, llevan a comportamientos drásticamente diferentes que con el tiempo conducen a resultados drásticamente diferentes. Si sales al mundo cada día con la idea de que puedes mejorar y tener éxito en lo que intentas, entonces descubrirás que el éxito comienza a llegar más fácilmente con el tiempo. Esto es lo que se conoce como una mentalidad de crecimiento y es una de las principales características distintivas de las personas exitosas.

Como niños, a algunas personas se les dice que sobresalen en ciertas materias mientras que a otros se les dice que han tenido éxito porque lo intentaron con esfuerzo y que el esfuerzo conduce al éxito. Se puede esperar que el primer grupo de niños desarrolle una mentalidad fija en la que sus cerebros se vuelven más activos cuando se les dice lo bien que lo han hecho. Se puede decir que el segundo grupo de niños posee una mentalidad de crecimiento en la que sus mentes son más activas cuando están aprendiendo qué podrían hacer mejor la próxima vez. Aquellos con una mentalidad fija tienden a preocuparse más por cómo son vistos por los demás que por lo que realmente están aprendiendo, es por eso que aquellos con una mentalidad de crecimiento tienden a tener más éxito a largo plazo.

*Mentalidad fija*

- Quiere lucir inteligente o competente independientemente de la realidad.
- Rápido para evitar desafíos
- Fácilmente frustrado por obstáculos
- Piensa que el esfuerzo es "inútil"
- Ignora retroalimentación
- Pueden sentirse amenazados por el éxito de los demás.

*Mentalidad de crecimiento*

- Más interesado en resultados a largo plazo.

- Disfruta de un desafío.
- Aprende de los obstáculos.
- Iguala el esfuerzo con el éxito
- Aprecia la crítica
- Encuentra inspiración en el éxito de los demás.

Para entender cómo funcionan los dos mentalidades en acción, simplemente recuerda la historia de la tortuga y la liebre. Siempre le decían a la liebre lo rápido que era y por lo tanto desarrolló una mentalidad fija en la que su velocidad era innata y no estaba relacionada con sus acciones, lo que significaba que podía tomar una siesta durante la carrera. En cambio, la tortuga mantenía una mentalidad de crecimiento que significaba que sabía que si perseveraba tendría éxito. Esta creencia en sí mismo se vio reflejada en los resultados de la carrera.

Los dos tipos de mentalidad también se manifiestan de manera diferente cuando se trata de lidiar con contratiempos. Cuando aquellos que tienen una mentalidad fija se enfrentan a un contratiempo, afecta directamente cómo se ven a sí mismos porque sacude su creencia en su talento innato. Esto les hace más fácil renunciar a algo con lo que están luchando, ya que pueden decirse fácilmente que no es un talento que esté en su rueda de habilidades. Por otro lado, cuando una persona con una mentalidad de crecimiento se enfrenta a un desafío, en cambio se preocupan por la mejor manera de superarlo y tratan el problema como una oportunidad para aprender y crecer.

*Importancia de la neuroplasticidad*

Si a lo largo de los ejemplos anteriores te encontraste identificándote más con la mentalidad fija que con la de crecimiento, no te preocupes todavía. Los neurocientíficos han realizado estudios que demuestran que a diferencia de gran parte de nosotros, el cerebro humano nunca deja de cambiar y desarrollarse desde la infancia hasta la vejez. Esto es resultado de un concepto llamado plasticidad neuronal que hace referencia a la capacidad del cerebro de reconfigurarse con el tiempo creando nuevas vías neuronales. Nuevas vías se añaden a medida que se repiten nuevos pensamientos a lo largo del tiempo. A medida que estos pensamientos persisten, forman patrones que a su vez se utilizan con más frecuencia, ya que las neuronas tienen más probabilidades de viajar por caminos bien transitados.

Si bien esto, a su vez, significa que puede ser más difícil cambiar hábitos profundamente arraigados, también significa que ningún hábito mental o físico está tan arraigado que no se pueda cambiar dado suficiente tiempo. Cambiar tu forma de pensar de una mentalidad fija a una mentalidad de crecimiento puede ser uno de los hábitos más difíciles de romper, ya que ha estado contigo desde la infancia, pero se puede lograr si te lo propones. Aquí tienes algunos consejos para comenzar:

- Comprométete con el objetivo: Cambiar de opinión lleva tiempo y la única manera de lograrlo es decidir dedicar toda tu voluntad desde el principio. Cambiar este conjunto de vías neurales lleva tiempo y la dedicación es la única forma de lograr el cambio.

- Comienza pequeño: Ver un cambio positivo como resultado de nuevas elecciones es una de las formas más rápidas de establecer nuevas rutas neurales. Para ayudar a que la idea de una mentalidad de crecimiento se quede en tu cerebro, comienza con cambios pequeños que tengan resultados fácilmente perceptibles y utiliza estos resultados para fortalecer futuros éxitos.

- Ten en cuenta tus pensamientos: Tómate el tiempo para hacer un inventario de tu vida y nota cuándo tu respuesta a algo proviene de un pensamiento que nace de una mentalidad fija. Marca mentalmente esos escenarios para que cuando ocurran en el mundo real puedas reemplazarlos con pensamientos propicios a una mentalidad de crecimiento.

*Reconfigura tu cerebro*

Si estás buscando formas de tener éxito, lo primero que debes hacer es determinar qué malos hábitos permites actualmente para que puedas empezar a hacer algo al respecto. Una vez que hayas tomado el tiempo para estudiar tus malos hábitos, podrás determinar más fácilmente de dónde provienen y, por lo tanto, cómo podrías empezar a contrarrestarlos. Una excelente manera de tomar conciencia de tus hábitos negativos es probar la meditación, la cual se discute en detalle más adelante en este paso.

Una vez que hayas determinado qué hábitos necesitas romper, será el momento de enseñarle a tu cerebro cómo preferir nuevos hábitos mejores sobre los viejos negativos. Qué tan difícil resultará esto dependerá en última instancia de una serie de factores, incluyendo cuánto tiempo has permitido el mal hábito y qué tan apegada está tu mente a él. Este proceso puede simplificarse a través de la repetición a menudo encontrada en afirmaciones y mantras, los cuales se discuten detalladamente más adelante en este paso. Lo importante es recordar que mientras más repitas una acción positiva, más probable es que tu cerebro la crea y que tu mente consciente la utilice como base para acciones futuras.

Una vez que hayas logrado desterrar hábitos negativos, será el momento de reemplazarlos con hábitos positivos. El cerebro humano es capaz de grandes cosas, tanto es así que formar nuevos hábitos con el tiempo apenas se considera entre ellas. Para asegurarte de formar el tipo adecuado de hábitos, es importante comenzar el proceso con la idea de tu hábito deseado firmemente en su lugar. Comienza por preguntarte cuál es el resultado final que deseas y realmente imagínatelo, considera todas las facetas del "tú" cambiado y piensa en cómo hacer que se conviertan en realidad.

Una vez que tengas un producto final en mente, pregúntate por qué deberías cambiar de esa manera y cuáles podrían ser en última instancia los beneficios finales. Es importante emprender el cambio de hábitos con propósito, hará que el tiempo invertido en ello sea mucho más llevadero. Haz una lista de los beneficios de tu curso actual de acción y escríbelos en un lugar donde puedas verlos fácilmente si te desanimas. Recuerda, repetición, repetición, repetición, si no trabajas constantemente en el cambio, no obtendrás resultados.

Una vez que haya comenzado a cambiar sus hábitos defectuosos, es importante tener una comprensión amplia de cuánto tiempo llevará el cambio. Cuanto más fácil sea involucrarse en el mal hábito, más difícil será cambiarlo, por eso tener una idea general del plazo para ello puede hacer mucho más fácil trabajar en ello. Durante este tiempo también será importante hacer una lista mental de lugares o actividades que desencadenen el mal hábito y evitarlos siempre que sea posible. Encontrarse en una situación donde esté cara a cara con las cosas que desencadenan su mal hábito es una manera segura de cometer un error y volver a caer en viejos hábitos.

Asegurarse de que te mantengas motivado durante el proceso de construir nuevos hábitos puede ser difícil, pero mantener la vista en el premio puede hacerlo más fácil. Una vez que hayas establecido un cronograma para cuánto tiempo tomará formar nuevos hábitos exitosos, es importante agregar hitos al calendario que ayudarán a tu mente a igualar el esfuerzo que estás realizando con el éxito final que lograrás. Mantén el optimismo e inscribe a tu familia y amigos para que te ayuden a mantenerte firme. Incluso los hábitos más difíciles se pueden formar después de diez semanas y, de igual manera, después de este período de tiempo, lo que sea que estés intentado se habrá convertido en tanto hábito como nunca será.

*Afirmaciones y Mantras*

En este caso, la repetición es una forma útil de evitar los filtros de mentalidad fija que tu cerebro ha establecido a lo largo de los años como una forma de determinar la mejor acción en cualquier situación dada. La repetición es una gran manera de engañar a estos filtros para que reciban nueva información sin tener que cambiarlos naturalmente. Una forma de hacer esto es a través de afirmaciones o mantras. Una afirmación es una frase positiva que te tomas el tiempo de escribir una y otra vez a lo largo del día. Un mantra es básicamente lo mismo, pero se repite mentalmente a lo largo del día. Las afirmaciones y mantras son una excelente manera de eliminar los pensamientos de ruido de fondo y ayudar efectivamente a reentrenar tu cerebro y crear nuevas vías neuronales. Algunas afirmaciones o mantras comunes incluyen:

- Hoy, eres perfecto.
- ¡Progreso hacia adelante! ¡Sólo sigue avanzando!

- Eres el cielo
- Estoy atrayendo todo el amor que sueño y merezco.
- Sigue mi camino hacia la felicidad.
- Soy fuerte. Soy hermosa. Soy suficiente.
- Estoy agradecido por mi vida hasta ahora y por lo que está por venir.
- Estoy cumplido
- Menos es más

Cuando comiences a usar afirmaciones y mantras por primera vez, es perfectamente natural que la parte de tu cerebro con mentalidad fija reaccione negativamente a la práctica y te haga dudar del proceso o sentirte tonto haciéndolo. Es perfectamente normal y de ninguna manera indica cuán exitoso serás al utilizar una mentalidad de crecimiento para lograr el éxito. Has pasado años y años siguiendo una mentalidad fija y esto es simplemente un ejemplo de esa mentalidad puesta en práctica. Cuando aparezcan pensamientos como estos, úsalos como una oportunidad para reforzar la afirmación o mantra recordándote cuánto realmente crees en ello. Ignora esa parte de tu mente y se volverá más tranquila con el tiempo.

Sin embargo, eso no quiere decir que una afirmación o mantra que sea radicalmente diferente de donde se encuentra tu mente consciente en ese momento cambie repentinamente la forma en que piensas, así es como trabaja la mente consciente. La mente consciente pondera muy fuertemente la experiencia personal al decidir sobre un curso de acción relevante. A partir de ahí, incorpora la inteligencia y la emoción para decidir si un pensamiento se ajusta a su curso de acción predeterminado. Esto significa que es mejor comenzar lentamente cuando se trata de afirmaciones y mantras, si intentas hacer demasiado rápido terminarás sin lograr mucho de nada.

*Creencias limitantes.*

Al elegir un mantra o afirmación realista, es importante pensar cuidadosamente ya que pueden provocar cambios reales y significativos. Dicho esto, no te desanimes si no ves muchos resultados incluso después de trabajar diligentemente en ello durante un mes o más. La mente de cada persona tiene diferentes niveles de resistencia para cambiar diferentes procesos mentales y, a su vez, toman diferentes cantidades de tiempo, sigue adelante y los resultados llegarán. Enfocarse únicamente en los resultados no es la forma más efectiva de usar afirmaciones y mantras, y este tipo de mentalidad es indicativa de una mentalidad fija.

Cambiar eficazmente tu mentalidad consiste en volver a cablear tu cerebro para que equilibre el esfuerzo con los resultados. Por ejemplo, si quieres ponerte en forma, intenta decir "Tengo la energía para hacer ejercicio todos los días" en lugar de "Me encanta cómo me veo". El primer mantra puede ayudarte a encontrar la motivación para hacer el esfuerzo y hacer ejercicio regularmente, mientras que el segundo espera que algún cambio pasivo aparezca milagrosamente. El primero es un ejemplo de la mentalidad de crecimiento y te ayudará a mejorar tu vida y encontrar el éxito, el segundo es un ejemplo de una mentalidad fija que simplemente espera que el éxito los encuentre.

Si te resulta difícil expresar mantras o afirmaciones que se centran en acciones y no en resultados, entonces puede ser beneficioso mirar hacia adentro y determinar qué pensamientos te están impidiendo pensar de manera positiva. Para llevar el ejemplo del ejercicio un paso más adelante, digamos que estás interesado en hacer ejercicio regularmente pero no puedes encontrar una afirmación o mantra que parezca encajar. Esto podría ser porque has necesitado perder peso toda tu vida o has intentado hacer ejercicio regularmente y luego fallaste pero no importa ahora. Centrarse en el pasado solo intensificará las vías neuronales negativas y dificultará aún más cualquier progreso adicional. Una vez que hayas identificado los pensamientos negativos que interfieren con tus afirmaciones y mantras, es hora de dejarlos ir enfocándote en el futuro, no en el pasado.

Creencias que no se pueden dejar de lado con tanta facilidad pueden cambiar con el tiempo al superponerlas con pensamientos transformadores y empoderadores en su lugar. Si entierras tus viejos pensamientos negativos bajo suficientes pensamientos positivos, eventualmente los negativos no podrán salir. Comienza con afirmaciones y mantras que reflejen el cambio. Di cosas como "Estoy volviéndome más exitoso" o "Estoy tomando consistentemente acciones positivas para avanzar".

Crear afirmaciones y mantras apropiados con éxito tiene que ver con conocerte a ti mismo y tus fortalezas y debilidades. Para algunos objetivos, descubrirás que tienes media docena de creencias limitantes, mientras que para otros solo puedes encontrar una. Al pensar en diferentes metas, presta atención a las razones por las que abandonarlas surgen en tu mente, estas son tus creencias limitantes.

# Paso 7: Mejora tu Inteligencia Emocional

Solo porque estés aprendiendo a ser asertivo, no significa que deba ser tu respuesta predeterminada en cada situación, después de todo, siempre habrá momentos en los que la mejor elección sea dejar que la otra persona tenga su camino. Si eres nuevo en ser asertivo, sin embargo, es fácil que sientas que es la herramienta adecuada para toda situación. Si esto te describe a ti, entonces podrías beneficiarte pasando algún tiempo mejorando tu inteligencia emocional.

Si bien no se discute con tanta frecuencia como la inteligencia tradicional, la inteligencia emocional es igual de importante para la vida cotidiana, ya que facilita convertir los pensamientos en acciones, hacer conexiones valiosas con los demás y garantizar en general que se tomen mejores decisiones cuando se trata de otras personas. Más específicamente, la inteligencia emocional es la facilidad con la que puedes acceder a tus propias emociones, comprender lo que realmente intentan decirte y también manejar e identificar una amplia variedad de situaciones, incluyendo aquellas que requieren que hagas una conexión empática con otros, comunicarte de forma concisa o afirmarte sin parecer excesivamente agresivo. La inteligencia emocional también facilitará la comprensión de las señales no verbales que la otra persona podría estar transmitiendo, lo cual se discutirá en detalle en el siguiente paso.

Para maximizar tu inteligencia emocional lo más rápido posible, lo primero que debes hacer es considerar dónde te encuentras actualmente en cuanto a tu inteligencia emocional. Para hacerlo, considera el nivel de calidad en cuanto a tu desempeño en las siguientes áreas:

Lugar de trabajo: El lugar de trabajo está lleno de complejas interacciones sociales que pueden ser complicadas de ver claramente en el mejor de los tiempos y si tu inteligencia emocional no está donde te gustaría que estuviera, es probable que te encuentres rutinariamente desconcertado por qué quienes te rodean parecen caminar sobre cáscaras de huevo alrededor de ciertas personas. Mejorar tu inteligencia emocional te permitirá motivar a otros y destacarte al punto de que una promoción a gerencia sea el siguiente paso lógico. Esto es cierto al punto de que muchas empresas ahora están tan interesadas en la inteligencia emocional como lo están en la inteligencia tradicional.

Tu salud en general: la inteligencia emocional te permite entender tus propias emociones de manera más completa, lo que naturalmente las hace más fáciles de manejar. Esto, a su vez, significa que también será más fácil para ti manejar tus niveles de estrés sin problemas, lo que llevará a un menor riesgo de infertilidad, enfermedades cardiovasculares, presión arterial alta, accidente cerebrovascular y un debilitamiento general del sistema inmunológico. Esto va más allá de tu salud física, ya que si se deja sin tratar, niveles de estrés superiores a la media pueden conducir a depresión, ansiedad e incluso problemas mentales más graves. La repetida falla en conectar con otros puede incluso llevar en última instancia a pensamientos suicidas.

La forma en que interactúas con los demás: Cuanto más fácilmente puedas entender tus emociones, más fácilmente podrás entender las emociones de los demás. Esto, a su vez, hace que tus relaciones interpersonales fluyan más fácilmente, al mismo tiempo que te ayuda a entender cómo se sienten los demás para que puedas afirmarte de la mejor manera sin molestar a nadie. Las relaciones formadas como resultado de una alta inteligencia emocional también permiten que se formen relaciones más mutuamente beneficiosas.

**Mejorando tu inteligencia emocional**

EQ se compone de cuatro partes que se complementan mutuamente, pero que también funcionan perfectamente por separado. Aprovechar al máximo cada una de ellas es la clave para lograr el verdadero éxito.

Autoconfianza: Para mejorar con éxito tu inteligencia emocional, necesitarás llegar a una nueva comprensión de las emociones que estás sintiendo en el momento y también comprender cómo esas emociones finalmente influirán en tus acciones. La verdadera autoconciencia comienza con la autoevaluación y deberías prestar especial atención a los impulsos emocionales de los que eres consciente pero que actualmente te resulta difícil controlar, así como a aquellos que ya puedes manejar.

Si no sabes por dónde empezar, lo primero que debes hacer es mantener un diario describiendo las experiencias que tienes cada día y cómo te hacen sentir. Es importante ser lo más detallado e imparcial posible en estas entradas del diario, ya que más tarde puedes utilizarlo como un registro de dónde comenzaste y cuánto has avanzado. También puedes usarlo para descubrir patrones personales que quizás ni siquiera eras consciente de que existían. Es importante escribir tus experiencias en un cuaderno físico, si es posible, para asegurarte de que tus pensamientos y emociones tengan el peso físico que se merecen. Es igualmente importante tener en cuenta la reacción física que tienes en respuesta a tus emociones, incluyendo cosas como rigidez en el cuello, aumento de la frecuencia cardíaca y tensión en los hombros y escribir estos síntomas de estrés también.

Vas a querer asegurarte de solo escribir tus emociones al final de cada día, ya que esto te dará tiempo para reflexionar realmente sobre cada una de las situaciones en cuestión en lugar de escribirlas para que pinten una imagen específica o solo muestren que estás progresando en una dirección específica. Una vez que tengas una buena variedad de experiencias que tengas regularmente, puedes empezar a tomar nota de similitudes y diferencias en escenarios específicos que pueden haber llevado finalmente a respuestas emocionales diferentes o reacciones a una respuesta. Prevenido está armado y entender cómo ciertas situaciones influyen en tus emociones futuras te facilitará empezar a manejarlas con éxito.

Control: Después de haber llegado a un entendimiento más completo de tus emociones, así como de las maneras en que están controlando la situación actual, lo próximo que debes hacer es trabajar en controlar tus propias emociones para que no interfieran cuando realmente importa. Ten en cuenta, sin embargo, que esto es algo diferente a desconectarte por completo de tus emociones y más bien se trata de gestionarlas adecuadamente y utilizar lo que está disponible de la manera más constructiva posible. Si te encuentras a punto de entrar en una situación potencialmente emocional, hazte un favor y tómate unos 30 segundos extra para prepararte mentalmente antes de definir las emociones que es probable que experimentes, así como las respuestas que probablemente vas a enfrentar. Este es el verdadero primer paso para poder tomar el control adecuado de tus emociones.

Una vez que te sientas realmente cómodo evaluando tus

propias emociones y respuestas, deberías estar sintiéndote más en control de tus emociones como resultado. Recuerda, no cortes tus emociones por completo, entiende que todo tiene un tiempo y lugar apropiado. En lugar de eso, tu objetivo durante este período debería ser crear tantos hábitos positivos nuevos como sea posible para reemplazar cualquier reacción negativa que hayas experimentado previamente. Si encuentras que todavía es más fácil decirlo que hacerlo, considera la mentalidad que adoptas al pensar seriamente en tus emociones. Si encuentras que esto es más fácil decirlo que hacerlo entonces quizás estás pensando equivocadamente en tus emociones en primer lugar, no eres la víctima, eres el maestro.

Si sientes que tus emociones negativas todavía te están dejando con una serie de estrés no resuelto, incluso cuando sientes que tienes el control de ellas, entonces hay muchas opciones diferentes cuando se trata de lidiar con ese estrés de una manera apropiada y de una forma saludable. La técnica más efectiva para muchas personas es simplemente concentrarse en tomar varios respiraciones largas y profundas. Esta es una técnica antigua pero efectiva, ya que respirar de manera superficial durante momentos de estrés solo amplificará esos sentimientos aún más.

Mientras practicas estos ejercicios de respiración, también querrás concentrarte en relajar activamente tus músculos, un grupo muscular a la vez. Concentrarte en cada grupo muscular y visualizar cómo liberan su estrés es una excelente manera de forzar a tu cuerpo a calmarse, ya que es difícil que esté relajado en unas partes y estresado en otras al mismo tiempo. Dedica unos minutos a trabajar en todo tu cuerpo y te sorprenderás de lo mucho mejor que te sentirás de repente.

Lidiar con las emociones de los demás: Después de tener un control más firme sobre tus propias emociones y cómo afectan tu comportamiento, descubrirás que se vuelve mucho más fácil registrar las emociones que otras personas están sintiendo y relacionarlas directamente con acciones específicas que puedan experimentar. Durante esta fase, querrás centrarte más en descifrar y notar las pistas que están presentando y luego relacionarlas con las emociones que sientes cuando las exhibes para que sepas por dónde empezar. Cuando se trata de lidiar con la asertividad, también es importante considerar cualquier dinámica de poder que pueda estar en juego y la forma en que pueden influir en la situación también.

Para trabajar activamente en mejorar tu conciencia social en general, deberás trabajar en mejorar tu nivel general de empatía y también relacionar lo que ya has aprendido con quienes te rodean y dejar claro que estás participando en una conversación sin entrar en territorio agresivo. Aunque esto pueda sonar fácil, puede ser más complicado en la práctica, por eso es importante practicar comunicando la intención de que valoras a la otra persona y su aporte en la conversación mientras afirmas tu voluntad sobre la conversación en su totalidad.

Para hacerlo, querrás comenzar por imaginar las últimas conversaciones que tuviste con alguien a quien no conocías demasiado bien, si es que lo conocías. ¿Durante la interacción tomaste el tiempo de apartar las distracciones mientras la otra persona hablaba? ¿Mantuviste contacto visual durante aproximadamente el 50 por ciento del tiempo mientras hablaban y la mayor parte del tiempo mientras tú hablabas? ¿Se reflejaba en tu lenguaje corporal el interés en lo que se estaba discutiendo?

Como regla general, siempre debes asegurarte de utilizar un lenguaje corporal que sea abierto, lo cual incluye no tocarte la cara, no crear barreras artificiales, reír o sonreír regularmente, usar mucho contacto visual, no cruzar los brazos ni las piernas y inclinarte ligeramente hacia la otra persona. Sin esto, incluso si lo que dices es agradable, lo único que se transmitirá es lo frío que pareces.

También es importante asegurarse de que todos estén en la misma página antes de que termine la conversación, lo cual también es una excelente manera de garantizar que tu asertividad se haya afianzado en términos de influir en la conversación. Esta recapitulación asegurará que ambos estén en la misma página en todos los aspectos, y también te permitirá intervenir y cambiar algunas percepciones de último minuto si es necesario. Aunque puedas sentir que esto da la impresión de que no estabas escuchando, la verdad del asunto es que demuestra que valoras el tiempo de la otra persona al asegurarte de que no se desperdicie tratando con simples malentendidos.

Cultivar las relaciones existentes: Una vez que hayas aprendido todo lo que puedas sobre las señales emocionales de quienes te rodean, es hora de aprender más sobre cómo mantener relaciones saludables y expandir nuevas interacciones potenciales. También aprenderás a inspirar a otros a la acción comunicándote claramente y disipando posibles conflictos. Si esperas gestionar con éxito las relaciones, entonces necesitas utilizar lo que has aprendido hasta ahora para determinar cómo tú y la otra parte se están afectando mutuamente y qué efecto están teniendo las fuerzas externas en el escenario con el que te estás enfrentando ahora. Solo teniendo una imagen clara y precisa de todas las piezas en movimiento podrás encontrar la solución correcta para complacer a todos.

Determinar una imagen real de la situación te permitirá determinar más fácilmente cómo proceder basándote en las herramientas que tienes a tu disposición. Es importante siempre obtener aportes de todos los involucrados y tomarte el tiempo para considerar con precisión su estado emocional además de escuchar lo que tengan que decir. De hecho, combinar los dos flujos de datos te permitiría llegar al fondo de lo que realmente están pensando, independientemente de lo que puedan estar diciendo en voz alta. De esta manera podrás trabajar en determinar una solución que sea adecuada para todos de manera asertiva, no agresiva.

Después de haber tomado una decisión, querrás añadir un atractivo emocional a tu enfoque asertivo para asegurarte de que acepten la solución que propones porque quieren, no porque se sientan presionados. Hacer saber tu empatía es una excelente manera de dejar claro que estás trabajando hacia algo que beneficiará a todos, otra forma segura de asegurar que tu asertividad sea tomada de la manera correcta. Esto puede ser una tarea difícil a veces, pero si has estado practicando entonces deberías estar listo para el desafío.

Al buscar mejorar tus relaciones interpersonales, es importante entender que es un viaje sin fin. No hay un punto mágico donde una relación no requiera esfuerzo y mantenimiento, debe ser un constante dar y recibir. Tu inteligencia emocional mejorada te ayudará, sin embargo, y aunque no siempre entiendas por qué la otra persona se siente de cierta manera, al menos podrás entender sus emociones y de dónde, al menos, vienen.

## Paso 8: Lenguaje Corporal

Si, a pesar de tus mejores esfuerzos, todavía parece que no estás en la misma página con la persona con la que estás hablando, a pesar de intentar expresarte de manera asertiva y no agresiva, entonces el problema en cuestión podría reducirse al lenguaje corporal. Aunque esto no es algo que muchas personas consideran con frecuencia, el hecho es que la comunicación no verbal representa el 50 por ciento de cada interacción cara a cara, lo que significa, al menos, que vale la pena pensarlo cuando se trata de dejar atrás una vida de timidez.

Además, una vez que aprendas a leerlo correctamente, descubrirás que comprender el lenguaje corporal de quienes conoces te facilitará interactuar con ellos de una manera que te permita ser asertivo/a, teniendo en cuenta su estado mental. Además, la otra parte puede que no sea consciente de toda la información que está compartiendo, lo que te permite conectar directamente con su subconsciente para estar al tanto de lo que realmente están pensando.

La comunicación no verbal incluye cosas como la expresión facial, los movimientos físicos, la respiración, los gestos, la transpiración e incluso el tono y la entonación de lo que se está diciendo. Si bien esto ciertamente es mucha información adicional para procesar de una sola vez, una vez que te acostumbras a hacerlo, descubrirás que eres capaz de controlar fácilmente el flujo de una conversación para dirigirla en la dirección que te interesa seguir.

Por supuesto, entender el lenguaje corporal de los demás es solo la mitad de la batalla, y aún necesitarás asegurarte de que también estás dando las señales adecuadas de lenguaje corporal cuando se trata de gestos, postura, tono, expresión y contacto visual. Si terminas diciendo una cosa mientras haces otra, incluso sin querer, entonces la otra parte naturalmente sentirá que algo no está bien en la conversación, lo que podría arruinar tu capacidad de ser asertivo en el proceso. Aprender a maximizar la efectividad de tu lenguaje corporal personal se aborda en el siguiente paso.

**Tipos de comunicación no verbal**

Cuando los mensajes no verbales y verbales de una persona están alineados, la efectividad de lo que están tratando de decir se multiplica, convirtiendo tus afirmaciones asertivas en algo imposible de ignorar. De hecho, el lenguaje corporal tiene la capacidad de afectar la forma en que interactúas con los demás de varias maneras diferentes, cada una de las cuales se detalla a continuación. Comprender cada una te permitirá estar al tanto de cuándo están presentes en otros para que puedas reaccionar en consecuencia.

Reforzar: Este tipo de comunicación no verbal ocurre cuando las señales no verbales y verbales se alinean de tal manera que están en completa armonía entre sí. Estas señales pueden servir para enfatizar secciones específicas de una afirmación asertiva o mejorar la efectividad general de tu mensaje.

Subsidiar: Si las señales no verbales no se alinean, sin embargo, entonces solo van a servir para socavar una a la otra, sin importar lo obviamente verdadero que pueda ser lo que se está diciendo. Si las señales no verbales no se alinean con las señales verbales, entonces la mayoría de las personas asumirán naturalmente que lo que se está diciendo es engañoso y lo que se expresa a través del lenguaje corporal es el verdadero estado de las cosas. Esto se debe al hecho de que se asume que las señales no verbales están directamente vinculadas al subconsciente, lo que significa que intentan romper la mentira que se está contando.

**Lenguaje corporal a tener en cuenta**

Rostro: No importa a dónde vayas ni con quién estés hablando, las personas alrededor del mundo naturalmente hacen caras similares cuando son expuestas a estímulos similares. Si bien no todos van a ser extremadamente expresivos, si mantienes un ojo en sus rostros, seguramente verás algo revelarse de vez en cuando.

Movimiento y postura: El cerebro humano es un gran fan de las primeras impresiones, ya que hace que sea más fácil estar preparado para lo que se supone que sucederá a continuación. Si bien todas las primeras impresiones no siempre van a ser precisas, a menudo resultan ser una métrica sorprendentemente exitosa cuando se trata de determinar las intenciones de la otra persona, especialmente en lo que respecta a la manera en que se paran y más. Incluso sin práctica, debería ser fácil distinguir entre una postura relajada y una ansiosa, y deducir las posibles razones de esto en consecuencia.

Movimientos de manos: Para más del 70 por ciento de la población, los movimientos de manos que hacen al hablar van a ser en gran parte subconscientes y se harán en reacción a la conversación o para añadir énfasis extra al tema actual de la conversación. De cualquier manera, estos gestos pueden resultar una herramienta extremadamente útil cuando se trata de medir cuán comprometida está la otra parte con tu tema actual de conversación. Los gestos con las manos pueden ser un poco confusos a veces también, sin embargo, ya que no son universales como las expresiones faciales. Esto significa que un gesto que es completamente benigno en tu país de origen podría resultar increíblemente ofensivo en otro lugar, por lo que es importante investigar antes de viajar al extranjero.

Ojos: Al igual que los movimientos de manos, hacia dónde mira una persona durante una conversación será un indicador importante de cómo va la conversación en general. Si bien también hay costumbres locales a considerar, en general evitar el contacto visual se percibe como una muestra de respeto o de culpa. Por otro lado, mantener un contacto visual intenso puede interpretarse como una muestra de afinidad o de atracción extrema.

Ubicación física: Cuando tienes una conversación con alguien, es importante asegurarse de siempre permitir que dicten el espacio entre ustedes durante la conversación. Hacerlo te permitirá utilizar la cantidad de espacio como un barómetro de cómo va la conversación, haciéndote más fácil ser asertivo si la conversación lo requiere. Mientras más cerca esté la otra persona de ti, más estará de acuerdo con lo que estás diciendo, mientras que lo contrario también es cierto. Lo mismo ocurre con cualquier barrera física que puedan poner entre ustedes, o incluso si están sosteniendo algo que acaba formando una barrera mental entre ustedes, si nada más.

Tono y timbre de voz: El tono y timbre de la voz de la otra parte son tan importantes como las palabras que dicen. Cosas simples como la pronunciación o el énfasis pueden hacer una gran diferencia en lo que se dice versus lo que se quiere decir y la misma oración puede tener innumerables variaciones como resultado. En general, un tono tranquilo, ligeramente severo indica que la otra persona está tratando de tomar el control de la conversación y hablar un poco bajo para que apenas puedas escuchar es un intento de poder que pretende que te inclines y te centres en lo que tienen que decir.

**Señales de lenguaje corporal a tener en cuenta**

Si bien ninguna dos personas van a expresarse usando el mismo lenguaje corporal exacto, una vez que te acostumbres a buscarlos encontrarás suficientes similitudes que te permitirán al menos hacer una suposición educada sobre lo que está sucediendo en la mayoría de los escenarios. Como mínimo, deberías ser capaz de determinar con éxito cuán relajada está la otra persona con el estado actual de la conversación.

Este es un lugar ideal para comenzar si estás planeando ser asertivo sin ser visto como agresivo, ya que una persona cómoda verá algo como asertivo mientras que una persona incómoda verá la misma acción como agresiva. Estar atento a este tipo de lenguaje corporal te permitirá entonces cambiar tu enfoque en el momento para asegurarte de que puedas evitar que las cosas se descontrolen repentinamente.

Si bien definitivamente puedes leer sobre las señales de lenguaje corporal personal, la mejor manera de aprender a identificar el lenguaje corporal de los demás es a través de mucha práctica. Recuerda que dominar las señales de lenguaje corporal es una maratón, no un sprint, la constancia y la paciencia son clave.

Signos positivos: Lo primero que querrás hacer al determinar el nivel de comodidad de la otra parte es permitirles que establezcan la cantidad de espacio entre ustedes. Si establecen un perímetro amigable y no utilizan nada para protegerse de la conversación, entonces puedes intentar ser asertivo con confianza, ya que puedes estar bastante seguro de que tú y la otra parte ya están en la misma página. Sin embargo, no olvides observar la cantidad de espacio que estaba entre ustedes al principio, y también mantén un ojo en cualquier barrera que artificialmente cree una cierta cantidad de espacio entre ustedes.

El siguiente mejor indicador del nivel general de sentimiento de la otra persona hacia ti será la dirección hacia la que están apuntando sus pies en ese momento. Aunque pueda parecer tonto, es un hecho que la mayoría de la gente apuntará sus pies hacia la dirección de la persona con la que están de acuerdo en una conversación. De igual manera, si echas un vistazo y descubres que sus pies están apuntando en dirección opuesta, entonces es el momento de hacer algo drástico si no quieres dar la impresión de ser demasiado agresivo.

Si tú y la otra persona están de pie, entonces una cabeza inclinada es una señal segura de que están de acuerdo con lo que estás diciendo, la cual se refleja en la postura de las manos detrás de la cabeza si ambos están sentados. Al mirar el rostro de la otra persona, lo primero en lo que vas a querer fijarte es lo obvio, sonreír y reír son lo mejor, aunque una actitud general calmada también es una marca a favor. Dependiendo del tipo de interacción, un breve contacto físico positivo siempre es una buena señal. Nueve veces de cada 10, un contacto físico indica luz verde, sin importar lo breve que pueda ser el contacto en sí mismo.

Signos negativos: Mientras que los signos que una persona pueda expresar van a variar según su incomodidad o enojo en la situación actual; estas banderas rojas suelen ser bastante similares entre diferentes individuos, lo que significa que estar al tanto de lo que buscar es una forma segura de asegurarse de poder combatir el sentimiento de la manera más efectiva posible. Uno de los signos más comúnmente vistos de incomodidad será el frotarse o tocar habitualmente la parte posterior del cuello, con la velocidad y frecuencia del frotamiento reflejando directamente la cantidad de incomodidad que se siente. Aunque esto pueda parecer un gesto bastante consciente y forzado, la verdad del asunto es que esta área alberga una gran cantidad de terminaciones nerviosas y frotarla en realidad reduce la frecuencia cardíaca. Si la otra parte lleva una corbata o collar, jugar con ella indicará lo mismo.

Frotarse indica incomodidad en cualquier parte del cuerpo, de hecho, no solo en la parte posterior del cuello sino también en la frente, pelo, ojos, labios y rostro. Frotarse las manos es una señal común si tú y la otra persona están sentados, y frotarse las piernas significa lo mismo si estás de pie. Finalmente, descubrirás que hinchar las mejillas o exhalar fuerte también son señales seguras de que la otra persona está incómoda con algún aspecto de la conversación actual y necesitarás calmarlos para asegurarte de que puedas ser asertivo de manera efectiva.

## Paso 9: Practicar el lenguaje corporal asertivo.

Para asegurarte de que realmente has dominado el arte del lenguaje corporal adecuado, es crucial que dediques tiempo considerando las señales no verbales que estás expresando a otros, así como lo que ellos te están diciendo. Mantener el equilibrio entre ser asertivo de manera negativa y ser la persona asertiva que a todos les agrada es difícil, y asegurarte de tu lenguaje corporal garantizará que una pieza más del rompecabezas esté en su lugar.

Los estudios muestran que bastan dos minutos de conversación para que se forme una impresión negativa que puede tomar meses, e incluso años, desvanecer. Básicamente, esto significa que si deseas que la persona con la que estás hablando forme la opinión correcta de ti, entonces necesitarás pensar cuidadosamente en cómo abordas un tema donde necesitas ser asertivo y lo siguiente puede ayudar.

Postura perfecta: Independientemente de la tarea que estés realizando, lucirás mejor si mantienes la espalda recta y los hombros alineados. Al hablar, asegúrate de mantener la mirada al frente, mostrando que estás preparado para enfrentar las consecuencias de tus palabras. Esto demuestra a la persona con la que estás hablando que estás listo para afrontar la conversación de frente, pero también que buscas una interacción positiva. Además, mientras tienes esto en cuenta, debes esforzarte por lucir lo más relajado posible, ya que si aparentas estar tenso, parecerá que estás buscando una pelea, lo cual hará que una sugerencia asertiva suene como una orden. Mantener la calma también te hará lucir más seguro, aumentando las posibilidades de que tu punto sea recibido de manera positiva.

Siempre que estés hablando con alguien cara a cara, es importante hacer un esfuerzo para alinear físicamente tu cuerpo con el suyo tanto como puedas, dentro de lo razonable. Como mínimo, esto significa que si están de pie o sentados, tú deberías hacer lo mismo, pero también significa que debes plantar tus pies a la anchura de tus hombros, ya que esto indica que no tienes nada que ocultar. Como beneficio adicional, también te asegurarás de lucir más relajado, al mismo tiempo que te aseguras de retener la información más fácilmente.

Mientras estás en medio de tu conversación, también necesitarás hacer un hábito de copiar lentamente los gestos y manierismos de la persona con la que estás hablando. Esto ayudará a que se sientan más cómodos y asegurará que es más probable que estén de acuerdo con cualquier sugerencia asertiva que puedas hacer. Sabrás que los has convencido de tu forma de pensar cuando puedas cambiar el paradigma y adoptar tus propios manierismos que la otra persona luego imita subconscientemente.

Brazos y manos: La regla más importante cuando se trata de qué hacer con tus manos y brazos es que la acción parezca lo más normal posible. Si te encuentras pensando demasiado en estos gestos entonces destruirás su fluidez y los harás sentir incómodos y forzados. Si no eres naturalmente gestual, no es algo que necesites forzar, ya que un gesto incómodo va a ser peor que no hacer ningún gesto en absoluto.

Mucho como su postura, su objetivo aquí debería ser lucir siempre lo más relajado posible. Si está pidiendo algo razonable mientras muestra asertividad, entonces no hay nada por lo cual estar nervioso. Sin embargo, es muy importante que evite pararse con los brazos cruzados a menos que quiera transmitir un mensaje muy específico. Esta pose se conoce por señalar una sola cosa, que no está interesado en lograr un consenso grupal de ningún tipo y solo le interesa promover su propia agenda.

Cuando se trata de ser apropiadamente asertivo, vas a querer estar de pie con los brazos colgando naturalmente a los lados. Esto mostrará a aquellos con quienes estás hablando que estás buscando llegar a un verdadero consenso y que estás dispuesto a escuchar lo que tengan que decir, no solo conseguir tu propio camino. Al estar de pie con los brazos a los lados, asegúrate de evitar tener los puños cerrados; si estás sentado, asegúrate de evitar sentarte con las palmas de ambas manos planas sobre la mesa. Ambas cosas muestran que no estás de acuerdo con el tema de conversación actual o que te está enojando, ninguna de las cuales es beneficioso si estás buscando que todos se vayan contentos.

Si no eres naturalmente particularmente expresivo con tus movimientos de manos, sigue siendo vital que entiendas lo importante que es un buen apretón de manos cuando se trata de causar una impresión adecuada que puedas capitalizar cuando llegue el momento de obtener lo que necesitas de la conversación. El apretón de manos perfecto es firme pero no excesivamente agresivo. Cualquier cosa más exagerada que esto indica que estás buscando dominar a la otra persona y casi con seguridad les hará responder cuando te afirmes. De igual manera, si permites que la otra persona domine el apretón de manos al quedarte flojo, es posible que sientan que ya te han dominado, lo que hará aún más difícil que seas asertivo cuando llegue el momento. También es importante tener en cuenta que esto no es el caso en todas las culturas y planear con anticipación si no conoces las costumbres locales.

Ten cuidado con la cabeza: si quieres indicar claramente que tú y la otra persona están en la misma página, entonces asentir con la cabeza mientras escuchas lo que dicen es el primer paso ideal. También obtendrás resultados similares imitando sus expresiones faciales, solo no te envuelvas tanto en hacerlo que pierdas el hilo de la conversación. Si te ríes, asegúrate de que sea claramente en un momento apropiado para hacerlo y nunca te rías como señal de nerviosismo. Cuando se utiliza apropiadamente, la risa es una excelente manera de romper el hielo o iniciar una nueva conversación con el pie derecho, pero solo si se hace de una manera que sepas que la otra persona disfrutará. Muestra que eres divertido/a para estar alrededor, agradable y jovial, pero también indica que estás en sintonía con la otra persona y entiendes sus deseos y necesidades.

Considera cómo suenas: Cuando hables, es importante que utilices un tono seguro y tranquilo, ya que naturalmente hará que aquellos con quienes estás hablando estén más interesados en lo que tienes que decir. Además, necesitarás asegurarte de que la velocidad y el volumen de tu habla sean apropiados para tu audiencia y el tema en cuestión. También es importante que elimines todas las palabras vacías de tu discurso, ya que palabras como "eh" o "como" solo harán que parezca que no sabes de qué estás hablando o que no estás seguro de ti mismo, dos cosas que no puedes permitir si esperas parecer asertivo. Finalmente, es importante que enuncies claramente, ya que esto muestra que valoras lo que tienes que decir y hará que otras personas sean más propensas a hacer lo mismo.

**Evite este tipo de lenguaje corporal.**

Si bien hay muchas opciones de lenguaje corporal que pueden mejorar tu caso con la persona con la que estás hablando, si no tienes cuidado puedes tropezar con tantas oportunidades de arruinar tu oportunidad de ser asertivo de manera efectiva más allá de cualquier reparación. Hazte un favor a ti mismo y mantén lo siguiente fuera de tus interacciones interpersonales en todo momento, te alegrarás de haberlo hecho.

Inclinación de cabeza: Independientemente de por qué sientas la necesidad de hacerlo, es vital que evites mirar por encima del hombro a la persona con la que estás hablando si quieres que permanezcan de tu lado. La frase "mirar por encima del hombro" existe porque la gente siente que tomar esta pose es como decirles que eres mejor que ellos, lo cual nunca es un lugar productivo desde donde empezar una conversación. Si cometes el error de usar este tipo de lenguaje corporal mientras discutes con alguien, entonces puedes estar prácticamente seguro de que terminarán oponiéndose aún con más fuerza a tu punto de vista. La mejor opción es, en su lugar, hacer contacto visual con la otra persona alrededor del 50 por ciento del tiempo mientras estás hablando, e incluso más que eso mientras ellos hablan para mostrar que realmente valoras su opinión.

No tengas hormigas en los pantalones: Cuando estás trabajando para ser asertivo de manera efectiva, es importante hacer lo que sea necesario para asegurarte de que no te muevas inquieto, incluso si es algo que harías naturalmente de todos modos. La mayoría de las veces, las personas consideran que aquellos que se mueven inquietos son poco dignos de confianza, y nunca quieres parecer algo que no sea lo mejor de lo mejor cuando te esfuerzas por ser asertivo.

Esto se extendió a cosas como tocarse la nariz y los ojos; así como mover la pierna o golpear los pies, crujir los nudillos, morderse las uñas o rascarse un brazo. Esto no significa que no debas moverte en absoluto, sin embargo, todavía debes usar un lenguaje corporal positivo para indicar que estás siguiendo lo que la otra persona está diciendo y estás de acuerdo con sus ideas generales.

## Paso 10: Fíngelo Hasta Que lo Logres

Aquí está el verdadero secreto para fingir asertividad, si actúas como si fueras seguro y asertivo en lo que sea que estés haciendo, entonces los que te rodean asumirán naturalmente que eres ambas cosas. Para la otra persona en la conversación, no hay diferencia entre un tú seguro y asertivo y un tú que solo finge ser esas cosas, lo que significa que fingir es una excelente manera de construir tu autoconfianza en los primeros días antes de que ser asertivo sea algo que te salga naturalmente.

Si no crees que pueda ser tan fácil, inténtalo, te sorprenderás con los resultados. Además, cada interacción exitosa hará que sea más fácil tener confianza en uno mismo en la siguiente, hasta que eventualmente, serás asertivo todo el tiempo sin importar qué. Una vez que hayas encontrado la habilidad de ser asertivo, incluso frente a la adversidad, te darás cuenta de que es mucho más fácil estar empoderado, sin importar qué. Hasta que llegues al punto en el que ya no necesites fingir más, comienza con los siguientes consejos.

Imita a tu ídolo de autoconfianza: Si al principio, no estás seguro de cómo reaccionar en un escenario dado de la forma en que lo haría una persona con mucha autoconfianza, detente y tómate un momento para imaginar a la persona más segura que conoces. A partir de ahí, todo lo que tendrás que hacer es preguntarte cómo actuaría esa persona en la situación en la que te encuentras ahora. No seas vago en tus suposiciones, ayuda ser específico. Pregúntate cómo se mueven, cómo responden a los demás, qué sugiere su lenguaje corporal y cómo son sus patrones de habla y luego haz tu mejor esfuerzo para seguir su ejemplo.

Aspecto parecido: Cuando estás proyectando confianza en ti mismo sobre tu asertividad que realmente no sientes, es importante actuar a la altura. Para empezar, intenta siempre caminar como si tuvieras algún lugar al que realmente necesitas ir. Para conseguir el aspecto adecuado, considera aumentar tu velocidad al caminar en un 25 por ciento. No tienes tiempo para una velocidad normal, estás seguro de que sabes a dónde vas y de que las personas que te esperan valoran tu opinión.

Cuando tienes que detenerte y hablar con alguien es importante evitar encorvar los hombros o encorvarse mientras tú o la otra persona están hablando. También es importante hacer contacto visual siempre durante al menos el 75 por ciento de cada conversación. Durante las conversaciones, procura elogiar a otras personas, ya que las personas seguras de sí mismas a menudo ven lo mejor en los demás, así como en ellos mismos. Los elogios también son una excelente manera de comenzar una conversación, ya que garantiza que ya tienes el interés de la otra persona.

Considera la versión de ti mismo que ven otras personas: Aquellos que proyectan firmeza tienden a ser percibidos por otros como más felices, extrovertidos y amigables en general. Por lo tanto, si quieres que los demás te vean como una persona más asertiva, comienza siempre presentándote primero a los demás y sonriendo regularmente. Participa siempre plenamente en cualquier actividad que involucre al grupo en su totalidad y el grupo naturalmente pensará en ti como una persona segura de sí misma. Tomarte el tiempo para presentarte siempre a las nuevas personas directamente hará que los demás sepan que eres un individuo seguro de sí mismo y, por lo tanto, mereces respeto.

Habla apropiadamente: Mientras que aquellos que carecen de la capacidad de ser asertivos a pedido tienden a rara vez hablar, incluso cuando se les confronta directamente, esto no significa que aquellos que son asertivos hagan lo contrario. De hecho, hablar demasiado puede dañar tu caso tanto como no expresarte en absoluto. Si hablas demasiado, corres el riesgo de dar la impresión de que no estás sugiriendo una solución tanto como estás buscando aprobación, probablemente porque no crees que tu solución sea lo suficientemente buena como para sostenerse por sí sola.

Si hablar demasiado o demasiado poco puede tener consecuencias negativas, entonces es importante hablar con confianza y expresar tus pensamientos de forma asertiva, o de lo contrario mantener silencio, seguro de que eres un miembro valioso del equipo. Sin importar cuán seguro estés de la opción que has propuesto, todo lo que necesitas hacer es actuar como si fuera la única elección lógica y te sorprenderás de cuántas personas se unen a la idea. Recuerda, la mayoría de las personas están usando el tiempo que hablas para pensar en lo que ellos mismos van a decir a continuación, puedes aprovechar esto a tu favor y parecer lo suficientemente sabio como para que otros sigan tu ejemplo.

Si te encuentras en la necesidad de ser asertivo en un ambiente menos formal, querrás evitar el error de hablar más de ti mismo de lo necesario. Al mismo tiempo, no querrás desviar ningún cumplido que te hagan, ya que al hacerlo solo demuestras que no crees que eres digno de los elogios que te envían. Por el contrario, si pasas demasiado tiempo hablando de todas las cosas maravillosas que has logrado en el pasado, darás la impresión de que estás constantemente buscando validación de los demás. Si la conversación se centra en tus logros, siéntete libre de discutir según sea necesario, simplemente no te excedas y todo estará bien.

Si te encuentras en una conversación con alguien que te interrumpe constantemente, entonces es importante que ejerzas tu asertividad defendiéndote a ti mismo, ya que esto es lo que haría cualquier persona con la confianza para ser asertiva. Esto dejará en claro para todos los involucrados que eres alguien que valora tus pensamientos y opiniones, lo que hace más probable que otras personas también lo hagan.

# Conclusíon

Gracias por llegar hasta el final de Cómo Hablar con Cualquiera y Dejar de Pensar Demasiado:

Entrenamiento de Habilidades de Comunicación Poderosas en 9 Pasos, Deja de Complacer a la Gente, Sé Más Confidente. Domina la Autodisciplina y Desarrolla Buenos Hábitos., esperemos que haya sido informativo y que haya sido capaz de proporcionarte todas las herramientas que necesitas para alcanzar tus objetivos, sea cual sea. Solo porque hayas terminado este libro no significa que no haya nada más que aprender sobre el tema, expandir tus horizontes es la única forma de encontrar la maestría que buscas.

Sobre todo, es importante recordar que ser asertivo es una habilidad que significa que al igual que cualquier otra habilidad, solo mejorará con la práctica. Mientras que la primera vez que te encuentres de pie y hablando será probablemente difícil de superar y un poco aterrador, es importante entender que la segunda vez será más fácil y la tercera vez aún más fácil que eso, hasta que eventualmente puedas ser asertivo sin siquiera pensarlo dos veces.

Esto no quiere decir que sucederá de la noche a la mañana, sin embargo, trabajar a través de los pasos anteriores llevará algún tiempo para completarse adecuadamente. Por eso es importante no entrar en el proceso esperando ser un experto en afirmarse mañana o incluso la próxima semana. Convertirse en un experto en ser asertivo requiere tiempo y dedicación si esperas hacer cambios reales y duraderos en tu vida. Convertirse en asertivo es una maratón, no un sprint, lo que significa que la constancia gana la carrera.

www.ingramcontent.com/pod-product-compliance
Lightning Source LLC
Chambersburg PA
CBHW071727020426
42333CB00017B/2424